Theo von Taane

FUNCRAFT
Das inoffizielle
Witzebuch
für Minecraft Fans

KEIN OFFIZIELLES MINECRAFT-PRODUKT.
NICHT VON MOJANG GENEHMIGT ODER
MIT MOJANG VERBUNDEN.

Bibliografische Information der Deutschen Nationalbibliothek:
Die Deutsche Nationalbibliothek verzeichnet diese Publikation in der Deutschen Nationalbibliografie; detaillierte bibliografische
Daten sind im Internet über http://dnb.dnb.de abrufbar.

© 2017   Theo von Taane;   4. Auflage

Herstellung und Verlag: BoD – Books on Demand, Norderstedt

ISBN: 9783743192539

Frage: Wo leben echte Minecraft Fans?

Antwort: In einem Wohnblock!

—

Zwei Creeper begegnen sich, fragt der eine:

„Warum hüpfst du denn die ganze Zeit so verrückt herum?"

Antwortet der andere: „Wenn ich nicht sofort eine Toilette finde, explodiere ich!"

—

Frage: Was haben Minecraft und Jugendliche in der Pubertät gemeinsein?

Antwort: Beide haben erkennbare Pixel.

—

Steve und Gefühle

Klar hat Steve Gefühle…oder doch nicht? Eine Analyse soll Abhilfe leisten, doch urteilt selbst:

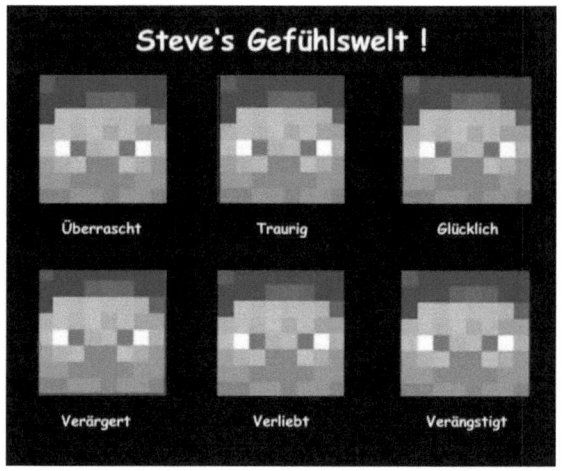

—

Frage: Wie hält sich Steve fit?

Antwort: Er rennt täglich ein paarmal um den Block!

—

Das ist nur in Minecraft möglich:

Bin 800 Meter tief gefallen, in knöcheltiefes Wasser... und habe überlebt!

—

Du willst eine Bombenstimmung für deine Party?

Lade Creeper ein!

—

Steve kann Dinge vom Gewicht eines Eiffelturms halten, aber er kann nicht über einen Zaun springen!

—

Frage: Wie nennt man etwas, das sehr dünn und erschreckend aussieht?

Antwort: Enderman!

—

Frage: Warum hat uns Minecraft Jahrhunderte in der Entwicklung zurückgeworfen?

Antwort: Es hat Jahrhunderte gedauert zu beweisen, dass die Welt rund ist, jetzt glauben wir, sie ist quadratisch!

—

Ein Zombie kommt zur Arbeit, da fragt ihn sein Chef: „Und, hast du auch gut geschlafen? Du siehst ein bisschen tot aus heute Morgen."

—

Minecraft – Blockdisaster

„Minecraft Spieler weltweit sind verzweifelt. Über Nacht haben Unbekannte alle Blöcke gestohlen. Es wird nun intensiv nach mit Bausteinen beladenen Lastwagenkolonnen Ausschau gehalten. Mojang spricht von einem historisch einmaligen Raubzug und gelobt Besserung beim nächsten Update."

—

Roter Vogel

Der rote Vogel von Angry Birds ist gestern gestorben. Minecraft hat nun keinen Brandschutzhelfer mehr!

—

Frage: Was ist die Lieblingsmusik von Cobblestones?

Antwort: Rockmusik.

(rock (engl.) = Felsen)

—

Klopf, klopf.

„Wer ist da?"

Unterbrechung durch die Minecraft Kuh.

„MUUH.

MUUH.

MUUH.

MUUH

...."

—

Ich habe gehört, dass Steve nicht besonders gut im Denken von ‚*outside the **box***' ist.

(to think outside the box (engl.) = um die Ecke denken / quer denken)

—

Meine Freunde meinen, ich sei süchtig nach Minecraft.
Aber dabei achte ich immer auf eine ausgewogene Zeiteinteilung nach Wichtigkeit:

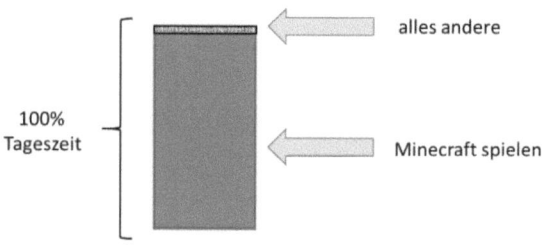

—

Du weißt, dass du süchtig nach Minecraft bist wenn…

1. … du dir deine eigene crafting Arbeitsbank in deinem Wohnzimmer gebaut hast.

2. … du in Panik nach Hause rennst, sofern es anfängt dunkel zu werden und du dann betest, jetzt nicht einem Zombie zu begegnen!

3. … du bei ebay nach gebrauchten Skins suchst.

4. ... dein ganzer Lebensinhalt darin besteht den ganzen Tag nichts anderes zu machen, als irgendwelche Dinge in Minecraft zu bauen.

5. ... du eine Kaktusfarm betreibst, obwohl du noch nicht mal in einer Wüstengegend wohnst.

6. ... du den Untergrund deines Hauses mit dutzenden von Tunnels untergraben hast, mit dem Ziel Kohle und Eisen zu finden.

7. ... du extra in ein Wohnblock umgezogen bist.

8. ... du dir wünscht, dass an jedem Tag ein Update durchgeführt wird.

—

Das gibt es nur in Minecraft:

… Bäume zerhacken mit einer Feder.

… Ich sehe einen Kaktus und schlage ihn!.

… Diamanten finden, mitten in einem Lavasee.

… hinausgehen um die Minecraft Welt zu erkunden und nicht mehr zurück finden!

… Die Wolle von Schafen schlagen, aber es kommt einem echt vor!

… einen Diamanten finden und ihn in eine Schaufel umwandeln!

… einen ganzen Berg abtragen und ihn in eine Truhe packen.

—

Frage: Warum kam der Minecrafter nicht zu den Diamanten?

Antwort: Etwas *blockierte* seinen Weg.

—

Frage: Was ist der Unterschied zwischen einem Miner und einem Archäologen?

Antwort: Archäologen sind glücklich, wenn sie bei Ausgrabungen im Untergrund auf Skelette stoßen.

—

Frage: Warum verließ Enderman die Party?

Antwort: Weil alle ihn anstarrten!

—

Frage: Wie viele Minecrafters braucht man, um eine Glühbirne zu wechseln?

Antwort: Keinen, denn Glühbirnen gibt es nicht in Minecraft!

—

Frage: Wie kannst du andere Minecraft Spieler dazu bringen, ihre Richtung zu ändern?

Antwort: **Block**iere ihren Weg.

—

Frage: Wie verwirrt man einen Minecrafter?

Antwort: Gibt ihm einige Baublöcke und sage ihm, dass er einen runden Raum bauen soll.

—

Frage: Was wird aus einem Miner, wenn *er* nicht mehr spielen will?

Antwort: Ein Min.

—

Ein Minecraft Skelett kommt in eine Bar und bestellt ein Bier und einen Wischlappen.

—

Frage: Wie viele Blöcke schaffst du, in eine leere Kiste zu legen?

Antwort: Nur einen, denn dann ist die Kiste nicht mehr leer.

—

Frage: Wie viele Zombies benötigst du, um die Batterien einer Taschenlampe zu wechseln?

Antwort: Keinen, Zombies lieben die Dunkelheit.

—

Frage: Welcher Rapper liebt Minecraft?

Antwort: Ice Cube

(cube (engl.) = Würfel)

—

Wenn Steve eine Erkältung hat, ist immer seine Nase **block**iert.

—

Frage: Was ist das Lieblingsspiel von Creepers?

Antwort: Hide and seek

(hide (engl.) = verstecken; seek (engl.) = suchen)

—

Frage: Wie schafft man es einen Creeper dazu zu bringen, sich selbst zu töten, ohne dass man sich selbst dabei in Gefahr bringt?

Antwort: Gib ihm einen Spiegel.

—

Frage: Warum ist ein bestimmter Zombie immer hinter *Brian* her?

Antwort: Er leidet unter einer Lese- und Rechtschreibschwäche.

(Brian -> Brain (engl.) = Gehirn)

—

Ich habe gehört, dass der neue Minecraft Kinofilm ein echter ‚**Block**buster' werden soll!

—

Frage: Warum ist Minecraft so erfolgreich bei Jugendlichen?

Antwort: Weil diese es mögen, sich an Ecken zu treffen.

—

Gott: „Ich kann Dinge erschaffen."

Minecraft Spieler: „Ja, ich auch."

Gott: „Ich kann Tiere machen."

Minecraft Spieler: „Habe ich auch schon getan."

Gott: „Ich habe eine ganze Welt erschaffen."

Minecraft Spieler: „Und ich, ich habe eine **endlose** Welt erschaffen!"

—

Frage: Warum war Steve so unbeliebt in der Schule?

Antwort: Er war der kantigste Typ dort!

—

Frage: Warum gibt es keine Autos in Minecraft?

Antwort: Weil die Straßen sofort **block**iert wären.

—

Frage: Warum baut man in Minecraft mit Blöcken?

Antwort: Weil es schwierig wäre, dies mit Kugeln zu tun!

—

Frage: Welches ist der Hauptsport aller Minecraft Spieler?

Antwort: Boxen

—

Frage: Warum konnte das Skelett nicht zur Party gehen?

Antwort: Er hat keinen Körper, um damit hinzugehen!

—

Frage: Warum hat der Creeper die Straße überquert?

Antwort: Nein, nicht im eigentlichen Sinn. Er sah einen Minecraft Spieler und explodierte mitten auf der Straße.

—

Habe 1000 km lange Tunnel gegraben und dabei 20 Spitzhacken 600 Torches verbraucht. Gefunden habe ich 6 Diamanten.

Es hat sich gelohnt!

—

Ich kann berechnen wie viele iron ingots benötigt werden, um vollständiges armor und tools zu haben und gemäß der world spawn rate auch, wie lange es dauert dies zu finden.

Aber, ich falle in Mathearbeiten durch...

—

Frage: Warum schießen Ghasts Feuerbälle?

Antwort: Wenn sie stattdessen mit Wasser schießen würden, würde es verdampfen!

—

Deine Mutter ging einst in den Nether, das ist der Grund warum alle Ghasts weinen.

—

Ich habe noch nie irgendwelche Diamanten gefunden!

Aber wenn ich einen finde, dann nur mit der eisernen oder goldenen Spitzhacke!

—

Creeper: „Lass mich rein!!!"

Minecraft Spieler: „Nein"

Creeper: „Ein Endermann ist da draußen und verfolgt mich!"

Minecraft Spieler: „Ok, beeil dich und komm rein!"

—

„Und kommst du zur Party heute abend?"

„Nein, ich gehe nicht raus wenn es dunkel wird!!!"

—

Gründe, warum ich das Minecraftspielen abbreche:

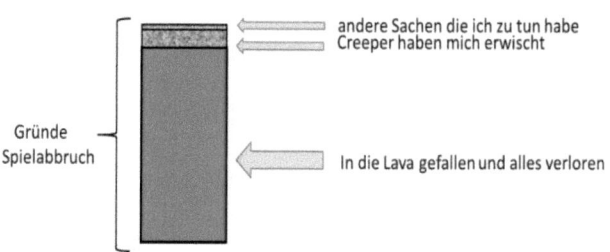

Du musst Minecraft spielen, es ist gesetzlich vorgeschrieben!

—

Lehrer: „Gibt es Bäume, die in der Luft wachsen?"

Minecraft Spieler: „Klar gibt es die."

—

„Oh mein Gott...Was für ein Glück... Dies ist mit Abstand der schönste Tag in diesem Monat. Ich glaube das wird mein Leben verändern.

Ich bin auf Kohle gestoßen!!!"

—

Immer, wenn einen Film schaue und jemand betritt dort einen dunklen Raum denke ich:

„Verdammt, mach die Torches an!!!"

—

Pyramiden? Ja, das war Minecraft bevor es cool war.

—

Rate wer von den folgenden Figuren den Starren-Wettbewerb gewinnen würde:

O Steve

O Zombie

O Sheep

O Enderman

Die Gründe, warum ich Minecraft Multiplayer spiele:

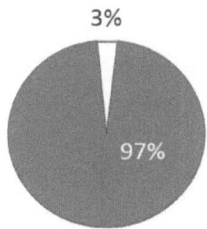

3% : Um Erfahrungen im Online spielen zu sammeln

97% : Um Creepers in die Gebäude der Mitspieler zu bringen, um diese in die Luft zu sprengen.

—

Minecraft Entwickler: „Morgen kommt die neue Version von Minecraft heraus."

Minecraft Spieler: „Und? Hast du den Bug gefixt, dass nicht mehr alles so eckig aussieht?"

—

Tagebucheintrag - Tag 30:

„Die Schafe haben mich als einen von ihnen akzeptiert."

—

„Warte, lass uns den Schrank ein bisschen verschieben...Ok, erledigt. Ich habe ihn zerstört und dort drüben wieder zusammengesetzt."

—

„Einen Minecraft Bausatz von Lego kaufen????"

„Jetzt gehst du wirklich zu weit!"

—

Geständnis eines Creepers:

„Ich lass mich normalerweise nicht explodieren, aber wenn ich das mal will, dann stelle ich sicher, dass ich ganz nahe an deinem schönsten Gebäude stehe."

—

Was waren die letzten Worte vom Skelett als er noch ein normaler Minecraft Spieler war?

„Ich höre ja gleich auf Minecraft zu spielen…nur….noch……..
diesen….einen….Block…legen………………
und….diesen….Block…legen………………
und….diesen….Block…legen………………
……………"

—

Fördere den Frieden auf der Welt und setze eindeutige Zeichen.

Geh und umarme einen Creeper.

—

Wenn die Minecraft Welt unendlich ist, warum kann dann die Sonne untergehen???

—

Letzte Frage aus dem Fragebogen zur Erlangung des begehrten Minecraft Zertifikats:

Minecraft ist ein Computer Spiel bei dem die Spieler Sachen aus Bananen bauen.

o richtig

o falsch

—

Minecraft ist wie Lego, nur mit sterben.

—

Frage: Wie nennt man es wenn man das ganze Haus voll Hühnchen hat?

Antwort: Minecraft Party

—

Creeper A: „Los, heute sprengen wir mal einen Zombie weg!"

Creeper B: „Klappe! Wir können doch nicht sprechen!"

—

Als ich den Minecrafter mit einem Trank sah, wusste ich, da würde sich Ärger zusammenbrauen.

—

Unglaublich: Wasser mit einem Zaun blocken. Das gibt es nur in Minecraft!

—

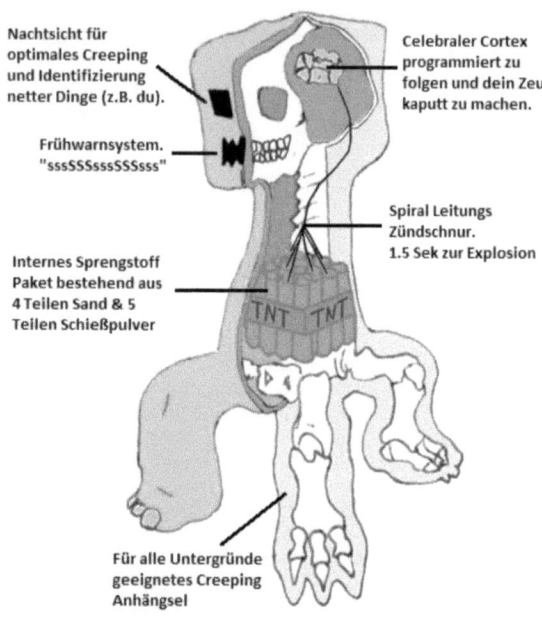

Frage: Wie nennt man Eier-Pfannkuchen, die man besser nicht essen sollte?

Antwort: Creepes

—

Frage: Weshalb können die Creeper nicht fliegen?

Antwort: Weil sie nicht durch die Flughafenkontrolle kommen würden.

—

Liegt der Steve tot im Keller, war der Zombie wieder schneller.

Liegt ein anderer tot daneben, hatte Steve 'n Kollegen.

—

Frage: Was macht ein Creeper an heißen Tagen im Sommer?

Antwort: Er sprengt den Rasen.

—

Frage: Was macht Minecraft seit Version 1.8 langsamer?

Antwort: Renderman

—

Lernen mit Minecraft

Jetzt weiß ich was Deja vu bedeutet. Du hast verloren und startest wieder von deinem Spawnpunkt aus.

—

Typischer Tagesablauf eines Minecrafters:

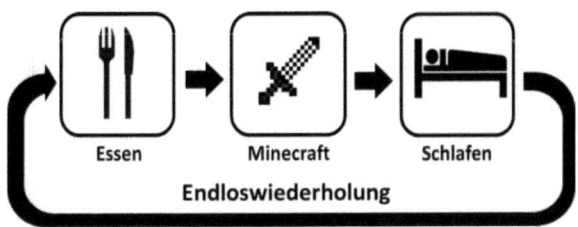

-

Letztens war ich auf dem Server und sie hatten ein super cooles Texturepack eingespielt. Es nannte sich „Die echte Welt".

-

Eines schönen Tages in Minecraft. Steve versuchte einen Baum mit einer Axt zu fällen...

—

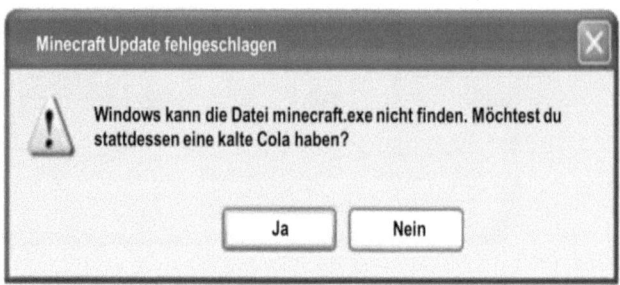

—

Frage: Wie misst Steve seine Größe?

Antwort: In Quadratmetern.

—

Juchhuuh! Es hat angefangen zu regnen! Endlich kein Druck mehr, das Haus verlassen zu müssen.

—

Minecraft – Auf der Baustelle

„Hast du schon gehört, dass Kinder ab sofort nicht mehr Minecraft spielen dürfen?"

„Nein, wieso denn?"

„Na, nach dem letzten Update tauchen in Minecraft überall Schilder auf mit der Aufschrift: ***Baustelle – Betreten verboten – Eltern haften für ihre Kinder.***"

—

Minecraft Biome total abgebrannt

Die Biome von Minecraft sind letzte Nacht total abgebrannt! Der verzweifelte Versuch noch sämtliche

Dateien zu löschen brachte keine Besserung.

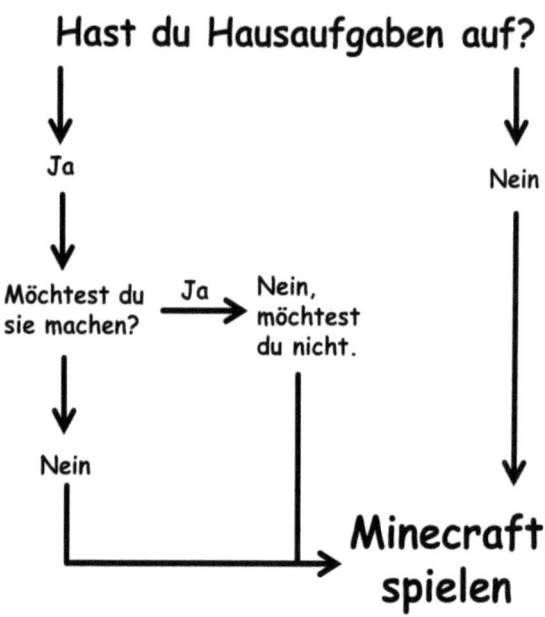

Minecraft Schnittvorlage

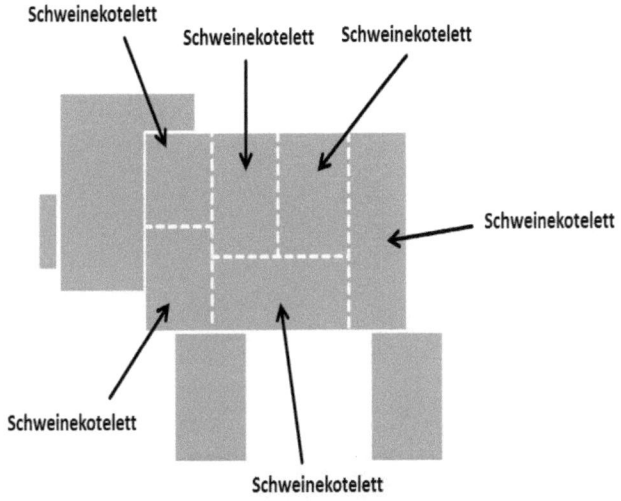

-

Frage: Warum sind die Höhlen in Minecraft so dunkel?

Sie *block*en das Sonnenlicht ab.

-

Habe zu viel Minecraft gespielt. Jetzt habe ich wieder Angst wenn die Sonne untergeht.

—

Mach mit!

Echte Minecraft Fans schaffen dies in 10 Sekunden, fehlerfrei:

Das Wort MINECRAFT mit der Nase auf der Tastatur tippen!

—

Minecraft Gedicht

Ich grabe, du gräbst, er – sie - es gräbt. Ist zwar kein sehr schönes Minecraft Gedicht, aber dafür ein sehr tiefes.

Aufgedeckt

Entwarnung. Minecraft Spieler atmet auf. Pickel auf seiner Minecraft Startseite waren kein bösartiger Virusbefall, sondern wurden als Essensreste auf dessen Display identifiziert.

—

Minecraft und Tierschutz

Tierschutzverein fordert klar gekennzeichnete und abgegrenzte Naturschutzgebiete für gefährdete Tierarten in den Minecraft Biomen und zwar auf jedem Gerät auf dem Minecraft installiert ist!

—

Frage: Was ist das bevorzugte Spiel von Baby-Zombies?

Antwort: Tot spielen.

—

Frage: Warum fing Steve an, wie ein Wolf zu heulen?

Antwort: Weil er drei kleine Schweinchen gegessen hatte.

—

Frage: Was brauchen Zombies und Skelette am Morgen?

Antwort: Sonnenblocker.

—

Frage: Wie könnte Steve an einem Mädchen Interesse finden?

Antwort: Er wirft einen Blick in ihren chest.

—

Frage: Wie nennt man eine Minecraft Boygroup?

Antwort: New Kids on the Block.

—

Ich habe Steve erzählt, dass die Welt rund ist, und er hat mich einfach ausgelacht!

—

Neulich in Minecraft:

Letztens spawnte eine Hexe in meinem Haus und verlangte einen Besen von mir!

—

Steve Basketball spielen beizubringen, ist genauso, als wenn man einen eckigen Stöpsel in ein rundes Loch drücken möchte.

—

Frage: Warum gibt es in Minecraft keine Autos?

Antwort: Hast du schon mal ein Auto mit quadratischen reifen gesehen?

—

Minecraft und Jagdsport

Es ist Winter in Minecraft. Ein Minecraft-Jäger zum anderen: „Und, warst du erfolgreich und hast etwas geschossen?" Darauf der andere:

„Na ja ging so, zwei Ozelots und dieses… wie heißt nochmal dieses große träge Tier mit weißem Fell und einer Mohrrübe als Nase?"

—

Du weißt du bist reich, wenn du dein Eisen in der Höhle lässt.

-

-

Peter zu seinem Vater, bevor er zum Minecraft spielen zu seinem Freund geht:

„Und Papa, wann soll ich wieder zuhause sein?"

„Um zehn."

„Ok, soll ich Brötchen mitbringen?"

—

Frage: Welches ist das Lieblingsspielzeug eines Creepers?

Antwort: Ein BOOM-erang!

—

Was Eltern sagen, wenn sie ihren Kindern bei Minecraft zuschauen:

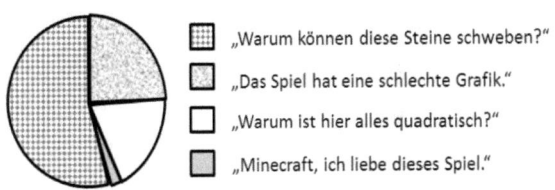

„Warum können diese Steine schweben?"

„Das Spiel hat eine schlechte Grafik."

„Warum ist hier alles quadratisch?"

„Minecraft, ich liebe dieses Spiel."

—

WASD – Das ist der Antrieb, der mich vorwärts bringt.

-

Eines Tages machte Steve eine unglaubliche Entdeckung:

Du weißt, dass du der größte Minecraft Fan bist, wenn …

1. … du denkst, dass die Realität nicht real ist, da sie nicht viereckig genug ist!

2. … du es dir einfach nicht erklären kannst, dass deine hölzerne Spitzhacke nicht durch soliden Stein brechen kann.

3. … du deine Träume in Pixelauflösung von Minecraft träumst.

4. … du tatsächlich glaubst, dass du Lava ganz einfach in einen normalen Eimer aufnehmen und dann zu deinem Ofen bringen kannst.

5. ... du andere als Lügner beschimpfst, sofern diese behaupten, dass Bäume auch Wurzeln oder Äste haben.

6. ... du glaubst, dass die Energieprobleme der Welt mit einem Schlag damit gelöst wären, wenn nur genug lightstones aus der Erde geschürft würden.

7. ... du **der** Kenner jedes Fehlers und glitches in Minecraft bist und auch derjenige, der dieses Wissen immer zuerst ausnutzt.

8. ... du dein schönes Bett freudig gegen eins das nur aus Stein und Wolle besteht, ausgetauscht hast.

9. ... du ein Tattoo mit Steve als Helden-Motiv deinen gesamten Rücken schmückt.

10. ... deine ganzen Freunde Minecraft spielen und keiner darunter ist, der es nicht spielt...

11. ... du davon träumst, hauptberuflich Gärtner in Minecraft zu werden.

12. ... du riesige Minecraft Städte erschaffen hast, aber du der einzige bist, der sich dort aufhält!

—

Ein Minecraft Spieler betritt das Spiel.

Gott betritt das Spiel.

Gott: „Ich kann Welten erschaffen."

Minecraft Spieler: „Ich auch."

Gott: „Ich kann Tiere erschaffen."

Minecraft Spieler: „Ich auch."

Gott: „Ich kann Kreise machen."

Minecraft Spieler verlässt das Spiel...

—

Frage: Warum sollte man keine Creepers essen?

Antwort: Weil sie explosiven Durchfall verursachen.

—

Frage: Warum wird Belgien immer wieder mit Lava überflutet?

Antwort: Weil es den Netherlands am nächsten liegt.

(Netherlands (engl.): Holland (Niederlande) - und Holland ist ein Nachbarland von Belgien)

—

Hast du schon das Neueste gehört?

Ein Creeper wurde festgenommen und ins Gefängnis gesteckt Er wird beschuldigt, ein Suizid-Bomber zu sein.

—

Frage: Warum konnte der Minecrafter nicht die Frage des Lehrers beantworten?

Antwort: Er hatte eine **Block**ade.

—

Was sagte Steve zu seiner Freundin am nächsten Tag?

„Bei dir schmelze ich hinweg."

Und was sagte er seiner Freundin am darauffolgenden Tag?

„Du hast mir 9,5 von meinen Herzen gestohlen."

—

Frage: Warum benötigt Mojang eine Drogenlizenz?

Antwort: Weil sie Beta-Blocker aus uns machen.

—

Frage: Warum kann man sagen, dass Minecraft Figuren zu nahe am Bildschirm sitzen?

Antwort: Weil sie schon ‚quadratische' Augen haben.

—

Frage: Was ist das Lieblingsessen von Creepers?

Antwort: Sssssssssalat!

—

Frage: Wie nennt man einen explodierten Creeper?

Antwort: Tot.

—

Frage: Weshalb konnte **Ender**man nicht mehr weiterschreiben?

Weil er beim **Ende** angekommen war.

Das geht/gibt es nur in Minecraft:

- Du fällst nicht runter, solange du noch 1 Millimeter auf solidem Grund stehst.
- Du kannst große Truhen machen, und zwar so groß, dass darin 1728 andere große Truhen passen.
- Du kannst ein ganzes Huhn essen – roh – in nur 1.7 Sekunden.
- In Minecraft kannst du Äpfel von Eichen(bäumen) bekommen.
- In Minecraft gehen Fackeln auch bei Regen nicht aus.
- Du kannst eine Suppe essen, während du einen Wasserfall hochschwimmst!

—

Übersicht über Handzeichen in Minecraft:

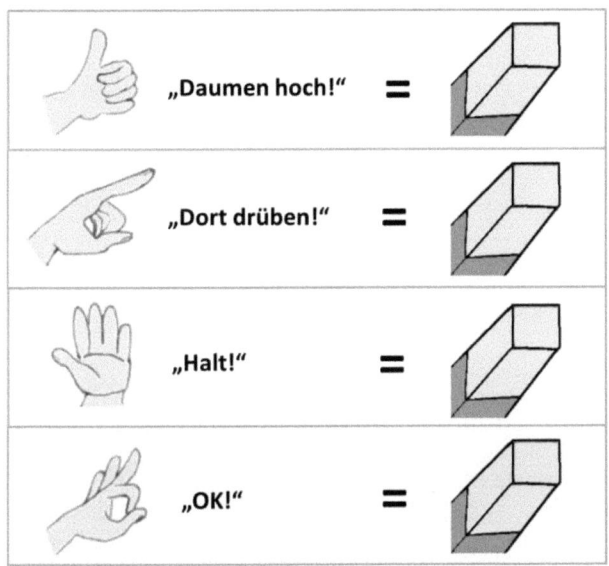

-

Ende

Weitere Bücher der FUNCRAFT-Reihe von Theo von Taane:

Titel	Alter	ISBN
Funcraft - Das beste inoffizielle Mathe Ausmalbuch für Minecraft Fans (6-10 Jahre)	6-10	9783743196919
Funcraft - Das inoffizielle Mathe Ausmalbuch: Minecraft Minis (Cover Hase)	6-10	9783734781452
Funcraft - Das inoffizielle Mathe Ausmalbuch: Minecraft Minis (Cover Zombie)	6-10	9783743163744
Funcraft - Das inoffizielle Mathe Ausmalbuch: Minecraft Minis (Cover Dragon)	6-10	9783743182417
Funcraft - Das inoffizielle Mathe Ausmalbuch: Superhelden im Minecraft Skin (Cover Batman)	6-10	9783743192904
Funcraft - Das inoffizielle Mathe Ausmalbuch: Superhelden im Minecraft Skin (Cover Superman)	6-10	9783743192836
Funcraft - Das inoffizielle Witzebuch für Minecraft Fans	8-14	9783743192539
Funcraft - Noch mehr inoffizielle Witze für Minecraft Fans	8-14	9783743192607
Funcraft - Die besten inoffiziellen Witze für Minecraft Fans	8-14	9783743193192
Funcraft - Die lustigsten inoffiziellen Witze für Minecraft Fans	8-14	9783743195240
Funcraft - Das inoffizielle Rätselbuch für Minecraft Fans	8-14	9783743195387
Funcraft - Noch mehr inoffizielle Rätsel für Minecraft Fans	8-14	9783743195400
Funcraft - Das inoffizielle Offline Spielebuch für Minecraft Fans	8-14	9783743195424
Funcraft - Das inoffizielle Quizbuch für Minecraft Fans	8-14	9783741291203
Funcraft - Noch mehr inoffizielle Quizfragen für Minecraft Fans	8-14	9783739235592
Funcraft - Das inoffizielle Rekordebuch für Minecraft Fans	8-14	9783743165502
Funcraft - Das inoffizielle Hausaufgabenbuch für Minecraft Fans	8-14	9783743177666
Funcraft - Aufstand in Germanien (Ein Minecraft inspirierter Roman)	12-99	9783743196858
Funcraft - Eiszeitjäger: Auf der Fährte des Löwen (Ein Minecraft inspirierter Roman)	12-99	9783743196865
Funcraft - Das beste inoffizielle Notizbuch (liniert) für Minecraft Fans	6-99	9783743196872
Funcraft - Das inoffizielle Notizbuch (kariert) für Minecraft Fans	6-99	9783743196889
Funcraft - Frohes Neues Jahr an alle Minecraft Fans! (inoffizielles Notizbuch) - Das	6-99	9783743196896
Funcraft - Fröhliche Weihnachten an alle Minecraft Fans! (Inoffizielles Notizbuch)	6-99	9783743196902
Passwort Logbuch für Minecraft Fans	6-99	9783743163928
Pokefun - Das inoffizielle Witzebuch für Pokemon GO Fans	6-99	9783743109780
Pokefun - Das inoffizielle Quizbuch für Pokemon GO Fans	6-99	9783743109827
Pokefun - Das inoffizielle Notizbuch (Team Rot) für Pokemon GO Fans	6-99	9783743109841
Pokefun - Das inoffizielle Notizbuch (Team Gelb) für Pokemon GO Fans	6-99	9783743109858
Pokefun - Das inoffizielle Notizbuch (Team Blau) für Pokemon GO Fans	6-99	9783743109865
Pokefun - Das absolut inoffizielle Notizbuch für Pokemon GO Fans	6-99	9783743109834
Weltbester Radfahrer - Notizbuch	6-99	9783738610161
Weltbester Inline Skater - Notizbuch	6-99	9783738610178
Weltbester Skifahrer - Notizbuch	6-99	9783738610185
Weltbester Snowboarder - Notizbuch	6-99	9783738610192
Weltbester Sportler - Notizbuch	6-99	9783738610208
Weltbester Surfer - Notizbuch	6-99	9783738610215
Weltbester Taucher - Notizbuch	6-99	9783738610222
Weltbester Tennisspieler - Notizbuch	6-99	9783738610239
Weltbester Volleyballer - Notizbuch	6-99	9783738610246
Weltbester Wassersportler - Notizbuch	6-99	9783738610253

Von Theo von Taane gibt es weit mehr als 200 Witzebücher, Notizbücher, Romane, Spiele, Tools, Sportbücher und Kalender. Im Store einfach mal nach „Theo Taane" suchen.
Viel Spaß!